VENTE

u Mardi 22 Mai 1900

HOTEL DROUOT, SALLE N° 9

à 3 heures

SANGUINES

Peintures et Pastels

PAR

Jules CHÉRET

Me LÉON TUAL, commissaire-priseur
56, rue de la Victoire, 56

M. L. MOLINE, expert
20, rue Laffitte, 20

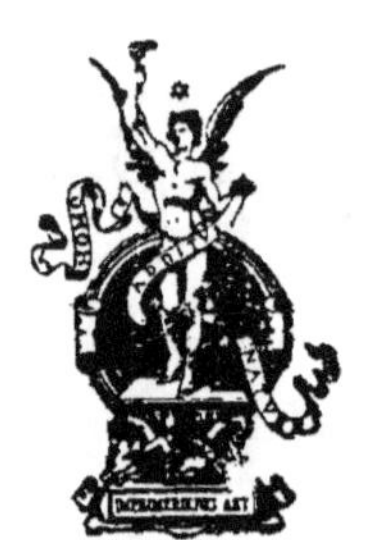

CATALOGUE

DES

SANGUINES

Peintures et Pastels

PAR

Jules CHÉRET

DONT LA VENTE AURA LIEU

HOTEL DROUOT, SALLE N° 9

Le Mardi 22 Mai 1900

à trois heures

PAR LE MINISTÈRE DE

Me TUAL, Commissaire-priseur, *56, rue de la Victoire*

ASSISTÉ DE

M. MOLINE, Expert, *20, rue Laffitte*

EXPOSITION PUBLIQUE

Le Lundi 21 Mai 1900, de 1 heure 1/2 à 5 heures 1/2

CONDITIONS DE VENTE

Elle aura lieu expressément au comptant.

Les Acquéreurs paieront, en sus des adjudications, CINQ CENTIMES PAR FRANC.

Paris. — Imp. de l'Art, E. Moreau et Cie, 41, rue de la Victoire.

Jules CHERET

La collection de dessins ici réunie est de celles
qu'on ne doit pas laisser disperser sans leur donner une parole d'adieu; il n'est que juste de re-
mercier des joies qu'elle offre à notre regard,
l'artiste exquis, disons mieux, le maître éminent
qui a créé les œuvres qui s'y trouvent. Je crois
d'ailleurs qu'il était important que le public vît un
jour ces feuillets de Chéret, ces feuillets d'un art
extraordinairement affiné, sous son aspect de
franchise et de liberté, afin de corriger une opi-
nion qui juge avec une infime légèreté l'immense
effort accompli par ce coloriste, dont l'influence
aura été si réelle sur les hommes de son temps.

Chéret, on le sait, a été le grand décorateur de
nos rues; c'est lui qui a renouvelé l'affiche; c'est
lui qui a introduit l'art — et quel art! le plus
parisien de tous! — dans la production jus-
qu'alors insipide de la publicité murale. Grâce à lui,
il y a eu sur nos murs un rayonnement de cou-
leurs, un sourire des formes, une exclamation
toujours vive et enchanteresse de l'esprit. Il nous
a raconté la beauté, une beauté à lui, faite de la

grâce la plus sémillante, et du parisianisme le plus aigu, avec un talent bien à lui également, tout d'imprévu, de spontanéité, un talent où l'invention se mêle intimement à la réalité, pour enfanter cette chose délicieuse, qui ne trahit jamais, parce qu'elle n'a pour mission que de nous emporter loin du terre à terre banal, cette chose délicieuse qui s'appelle le rêve.

Mais il n'a pas fait que des affiches, comme celle dont la composition originale se trouve plus loin cataloguée : la Ville de Paris a voulu que, dans le palais municipal, une place importante fût faite à Chéret, parmi les plus grands artistes d'aujourd'hui ; et le maître a, en effet, exécuté une décoration d'ensemble, très complexe d'éléments, très variée de sujets, qui sera la joie euchromatique de tous ceux qui, dans quelques mois, après l'Exposition, iront visiter l'Hôtel de Ville.

Ce que l'on ne sait pas assez, et ce que la collection, à la veille d'être dispersée, apprendra au public, c'est que cette verve de Chéret, cette verve qui a des pétillements, des étincellements d'artifice, est entretenue chez lui par une étude continue. On s'est plu souvent à répéter que Chéret n'était qu'un improvisateur ; on était mal renseigné : ce qu'il faut déclarer, c'est que Chéret, s'il est capable de jeter sur la toile une vaste composition, dans la fièvre, qui est bien près d'être la fièvre du génie, c'est que Chéret se place constamment en face de la nature — on en a la preuve dans les dessins dont il s'agit ici ; — il l'étudie, et lui demande tous ses mouvements, tous ses frissons, toutes les nuances par où s'expriment les passions, les sentiments et la vie... Ce qu'il faut dire. c'est que ce faiseur d'affiches, bien plus que certains illustres, écrasés, — et écrasants — de solennité, donne chaque jour de longues heures au dessin, avec le modèle sous les yeux. Ce qu'il fait par la suite n'est qu'une récitation graphique des interrogatoires jamais lassés, auxquels la nature a répondu devant lui : c'est qu'il n'est pas un geste qu'il n'exprime, qu'il n'eût cent fois contrôlé au cours de ses séances ; c'est que sa lumière même, qui semble imaginée, n'est que la résultante d'une étude parfaitement raisonnée, en dehors des traditions d'école, et avec cette école autrement vaste, qui a pour domaine infini, la vérité.

Si même l'on voulait s'en donner la peine, il ne faudrait pas un long effort pour ramener la filiation de Chéret aux ancêtres illustres du xviiie siècle : il y a dans les dessins présentés ici des pages que ne désavoueraient ni Lancret, ni Watteau, ni Fragonard, ni Portail. Quel plus bel éloge faire d'un maître ? Dans vingt ans d'ici on se disputera le moindre croquis de lui ; à côté des épreuves de ses plus brillantes affiches, on voudra posséder les témoignages réels de son étude passionnée de la ligne et de la forme, traduites avec des synthèses qui étonnent par leur puissance d'expression et qui enchantent pas leur délicatesse et leur grâce. Je ne sais si la mode se met déjà aux dessins de Chéret, mais ses dessins peuvent se passer de la mode : ils ont mieux que cela, pour eux ; ils ont l'avenir : les amateurs avisés feront bien d'y songer.

L. ROGER-MILES.

DÉSIGNATION

DESSINS

1 — *Femme assise.* Sanguine.

2 — *La Pavane.* Sanguine.

3 — *Femme au masque.* Sanguine et crayon blanc.

4 — *Loïe Fuller.* Sanguine crayons noir et blanc.

5 — *Loïe Fuller.* Bistre.

6 — *Femme relevant sa jupe.* Sanguine.

7 — *Femme assise.* Sanguine.

8 — *Pierrette.* Sanguine.

9 — *Femme en costume Louis XV.* Sanguine.

10 — *Sur l'herbe.* Sanguine.

11 — *Femme assise, costume 1830.* Sanguine.

12 — *Au bal.* Sanguine et crayon blanc.

13 — *Études d'enfants.* Sanguine.

14 — *Femme jouant de la mandoline.* Sanguine et crayon blanc.

15 — *Femme jouant de la guitare.* Bistre et crayon blanc.

16 — *Arlésienne.* Bistre.

17 — *Pierrette tenant une folie à la main.* Sanguine.

18 — *Danseuse Espagnole.* Sanguine.

19 — *Danseuse.* Sanguine.

20 — *Bergère.* Bistre et crayon blanc.

21 — *Femme assise, costume Directoire.* Sanguine.

22 — *Pierrette lisant.* Sanguine et crayon blanc.

23 — *Femme assise, costume Directoire.* Sanguine.

24 — *Danseuse, costume Louis XV.* Sanguine.

25 — *Mandoliniste.* Sanguine et crayon blanc.

26 — *La Révérence.* Sanguine.

27 — *Bergère Louis XV.* Sanguine.

28 — *Le Lever.* Sanguine.

29 — *La Pavane.* Sanguine et crayon blanc.

30 — *Femme assise, vue de dos.* Sanguine et crayon blanc.

3 1 — *La Diseuse.* Sanguine et crayon blanc.

3 2 — *Guitariste.* Sanguine et crayon blanc.

3 3 — *Merveilleuse dansant.* Sanguine.

PASTELS

3 4 — *Chanteuse.*

3 5 — *La Danse.*

3 6 — *Femme aux fleurs.*

3 7 — *Composition décorative.*

PEINTURES

3 8 — *Etude de Femme arabe.* Panneau.

3 9 — *Etude de Femme arabe.* Panneau.

4 0 — *Le Bal de l'Opéra.*
Toile. Haut., 1 m. 25 cent.; larg., 735 millim.

41 — *La Chanson de Colombine*. Au clair de lune, Colombine, en robe courte jaune, danse et chante ; autour d'elle, Polichinelle sur son âne et joyeuse compagnie. Au premier plan, à gauche, Pierrot blanc l'accompagne sur sa mandoline. Au fond, un moulin.

Toile. Haut., 1 mètre ; larg., 70 cent.